Nicole Melissa Waizmann

Der Mensch und seine Möglichkeiten

Inhalt

Der Mensch und seine Möglichkeiten

Die Möglichkeiten des Menschen,
im Leben.
Es zu gestalten.

Zeit

Was machen wir mit unserer Zeit?

Das bedeutet alles.

Unser täglich Denken

Worauf wir unser Bewusstsein richten
ist von Bedeutung.

Dadurch kommen Dinge in Bewegung.

Dass sich der Mensch am Edlen ausrichte

Das mit dem Menschsein ist nicht so einfach.

Menschen brauchen einander - zum einen.

Der Mensch hat eigene Interessen und Bedürfnisse
zu vertreten, von Natur aus.

Das sind die beiden Grundströmungen,
die für Krieg oder Frieden sorgen.

Wie hat sich die Schöpfung das gedacht?
Dass sich der Mensch am Edlen ausrichte.

Bei Tieren ist das anders,
die sind einfach friedlich miteinander
oder fressen sich.

Aber der Mensch hat die Wahl,
trifft Entscheidungen, strebt!
hochkomplizierte Vorgänge.

Dass sich der Mensch am Edlen ausrichte!

Hierzu ist immer wieder Einsatz erforderlich -
dem Edlen treu.

Doch die Mühe lohnt sich,
reich und aberreich.

Erleuchtung

Der erleuchtete Mensch
ist fähig,
das Leben ganzheitlich zu betrachten.
Das Sichtbare und das Nicht-Sichtbare zu verstehen.

Morgengruß

Jeden Tag liebe ich die Schöpfung
und ehre sie.
Und übe mich darin,
dies praktisch stets,
nach meinen Vermögen
im Leben umzusetzen.

Dankbarkeit für das Gegenwärtige,
ist für Frieden wichtig.

Der Mensch ist mit erstaunlichen Fähigkeiten
ausgestattet.

Zum Donnerwetter: gebraucht sie!

Der Mensch gehört sich selbst!

Der Mensch gehört sich selbst

Der Mensch ist frei!
will aber nicht,
lieber am Andern,
lieber am Schmerz.

Und das Schöne
am Menschsein:
der Körper.
Sich spüren, verlieren,
neu definieren,
bäumen, vor Lust
und vor Schmerz.

Bleib nah dran, an dem dir etwas liegt!

Der Atem ist vereinfacht alles was Leben bedeutet:
Geben und Nehmen.

Wenn wir das Richtige tun

und das Falsche lassen,

finden wir immer mehr zu uns selbst.

Man erkennt jemanden an den Worten,
die er gebraucht.

Entscheidungen sind Wegbereiter.

Wert Zeit

Was machen wir mit unserer Zeit?

Tun wir, was zu tun ist?

Und tun wir es auch!

Talente verpflichten!

Das kleine Leben

Die natürliche Ordnung ...

Wir können uns ihr anvertrauen,
denn sie beruht auf Intelligenz.

Einer Intelligenz, die nicht denkt,
die nicht wertet,
die nichts will.

Und sie ist nicht aufzuhalten,
von nichts und niemandem,
die sich selbst erhaltende Intelligenz.

Und begegne ich ihr immer wieder mit Staunen:
im Baum, der einfach blüht,
im Fluss, der nicht fragt, wonach er fließt,
im Mensch, der einfach lebt.

Diese Intelligenz, allgegenwärtig
und doch so still,
dass wir sie kaum hören.

Da ist eine Ordnung,
die viel Platz für Chaos lässt.

Das Universum expandiert

Es dehnt sich aus.
Doch immerzu im rechten Maß.

Das Glück, dass wir leben gibt es,
da alles zur rechten Zeit, im rechten
Maß geschieht.

<<Je mehr ich weiß, desto klarer wird,
dass ich nichts weiß. >>

Und spüre meine Grenzen,
als Mensch, als Individuum,
meine Kräfte sind begrenzt.
Es schmerzt.

Die Erde, Sternenhaufen,
ganze Galaxien, in Millionen und Milliarden,
tanzen vor meiner Nase.

Ich, das kleine Leben, kann es nur sehen.

Spüre, dass mein Sein mehr erfasst
als mein Körper es je fähig zu tun.

Aber auch Ehrfurcht, vor dem Wunderwerk Körper.

Je mehr ich weiß, desto klarer wird:
das Ganze in seiner Ganzheit zu erfassen,
kann nur der Versuch sein.

Reich

Ich lebe mit der Erde und mit der Schöpfungskraft,
ich lebe mit den Menschen.
Ich lebe mit den Sternen
und mit dem Universum.
Ich lebe mit der Geschichte,
der Gegenwart, Vergangenheit und Zukunft.
Ich lebe mit dem Sonnenlicht,
mit jedem Atemzug;
ich lebe mit des Mondes Schein
und sehe: ich bin reich!

Aller Herren Länder

Eine Erde, die uns verbindet.
Eine Sonne, die auf uns strahlt.
Ein Geist, der Wege zueinander
findet.
Eine Seele, die uns bindet.

Ein Herz, das alles versteht,
auch, wenn man Buchstaben dreht.
Alle Mütter, alle Väter, auch
leben und sterben.

Dinge die uns verbinden?
dass wir in jedem eine Seele finden.
Blut, das in uns allen fließt,
Freude, die in allen sprießt.
Kinder werden überall geboren,
Herzen gehen überall verloren.

So finden wir auch, die Grenzen
im Geist, die ein Land des anderen
scheiden.

Wie schade wäre es auch, würden Land
und Geschichte in ihrer Einzigartigkeit
verschwimmen.

Drum, lassen wir uns lieber vom
Ländernamen als dem Herzen
trennen.

Ohne Bescheidenheit können wir
unseren Körper nie beherbergen.
Da die Seele
und auch der Geist,
immerzu davonstreben.

Nicht nur liebes-, sondern auch leidensfähig zu
sein ist Leben.

Liebe an sich

Jetzt habe ich doch schon so einiges
über die Liebe verfasst,
aber sie zeigt sich mir einfach
immer wieder neu.

Habe sie unter die Lupe genommen,
beleuchtet,
sie mir von oben und von unten
angeschaut.
Habe sie gedreht und gewendet,
in mich eingelassen
und sie davongejagt.

Aber sie zeigt sich mir
immer wieder neu.

Ja, sie spielt mit mir!
bewegt mich,
trägt mich fort
und setzt mich wieder ab.

Und ich? folge,
vergeblich und bereit.

Liebe ist jetzt

Liebe ist Gegenwart

Alles andere ist nicht wahr.
Die Liebe in die Gegenwart zu bringen,
ist eine unserer größten Aufgaben.
Das heißt vor allen Dingen, auf nichts und
niemanden zu warten.
Liebe! jetzt.
Das ist nämlich die große Täuschung: Liebe ist erst
möglich wenn ...,
mit dem entsprechenden Du,
oder, wenn ich geheilt bin.
Alles große Täuschung!
Liebe ist jetzt, und zwar immer,
wenn man sie lässt.

Zweisamkeit

Nähe, ist durch nichts zu ersetzen.
Anderes sollte der Mensch sich niemals vormachen.

Zweisamkeit II

Man wird ein Teil voneinander.
Das Wir, der gemeinsame Teil.

Trennen, was sich vollzogen vereinigt hat,
ist ohne Gewalt kaum möglich.

Man kann sich nur wieder teilen.

Weil Eines das Andere bedingt

Die Erde braucht den Menschen,
als Träger von Bewusstsein.
Der Mensch die Erde,
um sich neu zu gebären.

Weil Anderes das Eine bedingt

Es lebt in der Ganzheit - die Entsprechung,
zwei Wirklichkeiten muss es geben!
Die Sichtbare und ihre Entsprechung.

Aus der Form die Nicht-Form resultiert.
Oder umgekehrt?

Erde

Erde, du schenkst uns das Größte,
leben zu können!

Erfolg ist eine Urerfahrung

Am Anfang ist der Erfolg.
Ein Samen hat es geschafft!
sich durchgesetzt.
Nun gedeiht es -
der Mensch.

Gebären - ist Zukunft schaffen

Leben schenken, ist den Schöpfungsakt
weiterzuführen.

Das Ureigenste ist immer schön.

Geld

Geld ist eine Illusion.
Aber was man damit machen kann, ein Wunder!

Geld nimmt uns in die Pflicht,
in die Ordnung des Lebens.

Geben und Nehmen

Das ist ja fast alles, worum es im Leben geht.

Beziehung, Beruf, Geld, immer ein Geben und Nehmen.
Und dieses Geben und Nehmen erzeugt Bewegung.
Ohne Geben und Nehmen gäbe es Stillstand.

Bewegung - Voraussetzung allen Lebens.
Wenn man so will, dient all unser Tun
der Bewegung:
dass die Erde sich dreht!

Die Autorin Nicole Melissa Waizmann ist
Jahrgang 1973.
Sie arbeitet als Schriftstellerin und
ist zertifizierte psychologische
Beraterin. Sie lebt in einem Dorf
unweit von Heidelberg.

ISBNs
978-3-7469-9969-2 Paperback
978-3-7469-9970-8 Hardcover
978-3-7469-9971-5 e-Book

Zeitfracht Medien GmbH
Ferdinand-Jühlke-Straße 7
99095 Erfurt, Deutschland
produktsicherheit@kolibri360.de